ÉLOGE ACADÉMIQUE

DE

VICTOR DE LAMOTHE

LU EN SÉANCE PUBLIQUE LE 26 JANVIER 1869

PAR

LE Dr CHARLES DUBREUILH

Chevalier de la Légion d'Honneur,

Secrétaire général de la Société de Médecine,

Chirurgien en chef de l'Hôpital de la Maternité, Professeur de l'École départementale d'accouchements,

Lauréat de l'Académie de Médecine de Paris,

Membre correspondant national de la Société de Chirurgie,

Correspondant de l'Académie des Sciences et Belles-Lettres de Montpellier,

de la Société Médico-pratique de Paris, des Sociétés de Médecine de Toulouse,

Lyon, Poitiers, Anvers, etc., etc.

BORDEAUX

IMPRIMERIE GÉNÉRALE D'ÉMILE CRUGY

16, rue et hôtel Saint-Siméon, 16

1869

ÉLOGE ACADÉMIQUE

DE

VICTOR DE LAMOTHE

Messieurs,

« L'historien d'une compagnie savante, écrit Cuvier, ne doit pas seulement se proposer une lutte de talents avec ses devanciers; il ne doit pas chercher à briller dans les solennités académiques, ses devoirs sont plus sérieux; après avoir fixé l'état de la science, il doit fixer la part que ses contemporains ont eue aux progrès du siècle. » Cette liberté d'examen, cette impartiale appréciation à l'usage des philosophes du XVIIIe siècle, nous l'adoptons. En instituant l'usage si précieux et si intéressant des éloges académiques de ses anciens membres, la Société de Médecine de Bordeaux n'a pas prétendu que l'on fît des panégyriques destinés seulement à vanter perpétuellement les vertus et les mérites d'anciens collègues; mais, comme l'a exprimé, avec autant de netteté que de

justesse d'esprit, M. Flourens, le mot éloge ne ser:
pour elle que l'expression convenue d'une époque littéraire donnée.

Cette époque littéraire commencera pour nous en 1736,
et se terminera en 1823. C'est, en effet, le 18 juillet 1736
que naquit à Bordeaux le Dr Victor de Lamothe, ancien
doyen de la Société de Médecine, un de ses fondateurs,
et deux fois son président; c'est en 1823, à l'âge de quatre-vingt-sept ans, qu'il s'éteignit dans la même ville.

Son père, Daniel de Lamothe, était avocat au Parle-
ment. Ses lumières et ses vertus, l'éclat et la distinction avec lesquels il avait exercé sa profession, l'avaien:
rendu *l'ornement et l'oracle* du barreau de Bordeaux (1).
Il avait quatre-vingt-trois ans lorsqu'il mourut doyen de
son ordre, après avoir exercé pendant plus de cinquante-
huit ans, avec une noblesse et un désintéressement peu
communs.

Daniel de Lamothe avait épousé, en 1724, Marie de
Sérézac, fille d'un ancien officier au régiment de Poitou,
qui était alors maire de Castillon. Il en eut sept enfants.
Des cinq garçons, trois embrassèrent la profession du
père, et deux, Delphin et Alexis, acquirent de la célé-
brité autant par leurs plaidoiries que par leurs com-

(1) Ces expressions sont extraites d'une attestation donnée le 21 mars 1775
par les doyens et syndics de ce célèbre barreau de Bordeaux où l'on trouvait
déjà des noms devenus depuis si célèbres. Ce certificat est signé : Brochon,
premier syndic; Desmirail, syndic; Tournaire, doyen: Grangeneuve, Duran-
teau, de Sèze, Sens de Bouquier, Barennes, etc.

mentaires sur les coutumes de Bordeaux et de Bergerac (1). Victor était le troisième fils de Daniel de Lamothe.

A cette époque, Bordeaux, au point de vue physique, conservait encore les formes gothiques qu'il avait lorsqu'il passa sous la domination française : des murailles à demi démantelées, des fossés bourbeux entouraient l'antique cité, autour de laquelle ne convergeait aucune avenue riante, aucune route commode. Ce ne fut qu'en 1743 que, nommé intendant de la province, l'immortel de Tourny vint régénérer la cité, lui donner sa forme actuelle, la rendre belle et digne du rang important que les administrateurs de nos jours tendent à lui faire occuper dans le monde.

Au point de vue moral, le XVIIIe siècle commençait d'une manière éclatante par la marche de l'esprit humain, apportant avec lui ses chefs-d'œuvre, toutes les finesses de l'intelligence, toutes les grâces de l'esprit, l'instinct du beau, le sentiment de la poésie, l'inspiration des arts et l'amour de la liberté. Si, pour cette dernière conquête, il fallut à ce siècle de grandeurs traverser sur sa fin des événements extraordinaires, parfois horribles, oublions aujourd'hui qu'il y eut des factions, pour nous rappeler qu'il y eut des talents en tous genres, et que la tempête qui ravagea le champ des sciences y laissa néanmoins des rejetons précieux qui ont fructifié pour leur gloire. Enfin, Bordeaux était, suivant l'ex-

---

(1) Ces documents sont extraits de l'intéressant mémoire de M. Jules Delpit, intitulé : *Notes biographiques sur les Messieurs de Lamothe;* 1846.

pression de l'immortel auteur des *Girondins,* « une terre mieux et plutôt exposée aux rayons de la philosophie. La philosophie y avait germé d'elle-même avant de germer à Paris. Bordeaux était le pays de Montaigne et de Montesquieu, ces deux grands républicains de la pensée française (1). »

Le collége de Guienne, réorganisé par Henri d'Aguesseau, rendait alors d'éminents services à l'instruction. C'est dans cette institution que le jeune Lamothe fit ses humanités; il les fit avec la plus grande distinction; ses progrès répondirent à l'habileté de ses maîtres et aux attentions particulières excitées par un disciple qui joignait à la vivacité de l'esprit la plus grande application.

Destiné à la carrière médicale, il se fit inscrire à la Faculté de médecine de Montpellier. Les talents des maîtres contribuent beaucoup aux progrès des étudiants avides de savoir. A cet égard, Victor de Lamothe n'avait rien à désirer dans cette célèbre Faculté, où de la Peyronie avait, au commencement de ce siècle, posé les fondements de la grande réputation qui lui a mérité la première place de son art.

En 1761, il obtint le titre de docteur en médecine, au moment où, après un concours brillant, animé et plein de péripéties, Barthez était nommé professeur de cette Université. A cette époque, les dogmes hippocratiques sur la constitution de l'homme étaient fort compromis à Montpellier; mais, quelques années après, naissait une

(1) Lamartine, *les Girondins.*

nouvelle doctrine qui ne pouvait manquer d'exercer une grande influence sur la médecine clinique, et fut une révolution dans l'enseignement. Barthez fut soutenu avec la plus grande éloquence par Lacaze, Bordeu et Fouquet. Guidés par un discernement profond, un savoir étendu, ces héritiers et propagateurs des vues hippocratiques profitèrent avec sagesse, et souvent avec génie, de plusieurs idées du vieillard de Cos, des expériences Hallériennes, de quelques principes féconds de Van Helmont et de Stahl pour construire un édifice qui semble encore plein de grandeur et de majesté aux yeux de certains esprits; et cependant, dans ces idées brillantes et ingénieuses du principe vital de Barthez ou de l'âme rationnelle du Stahlisme, que de choses qui ne ressemblent pas à la vérité démontrée, que de points de vue de doctrines hypothétiques et insolubles!

Les années d'étude à Montpellier disposèrent utilement Victor de Lamothe à profiter des instructions multipliées qu'on reçoit à Paris. Par sa fortune, il n'était pas pressé de courir aux produits d'une profession dans laquelle il était bien sûr de n'avoir pas acquis des lumières suffisantes; de là, sa résolution de perfectionner, sous de nouveaux maîtres non moins habiles, les connaissances qu'il avait déjà reçues. C'est dans cet esprit qu'il vint à Paris à la fin de 1761.

Des institutions mal entendues et une vanité puérile avaient maintenu pendant longtemps une distinction entre les médecins et les chirurgiens. Les docteurs en médecine, enorgueillis de leur robe écarlate, regardaient comme au-dessous de leur dignité d'exercer la chirurgie, et cette branche si brillante des sciences médicales était restée dans les mains d'êtres ignares. L'Académie de chirurgie avait été créée en 1730; mais ce ne fut qu'en 1743 que Lapeyronie, un de ces hommes de caractère sans lesquels il ne se fait rien de grand, devenu premier chirurgien du roi, obtint des lettres patentes qui obligèrent les élèves en chirurgie à se préparer par l'étude des lettres et de la philosophie, et les astreignaient à se faire recevoir maîtres ès arts.

Lorsque Victor de Lamothe arriva à Paris, c'était l'époque où l'Académie royale de chirurgie comptait les noms les plus illustres, où le vif éclat dont brillait cette compagnie savante se réfléchissait sur toute l'Europe, où elle fondait une œuvre impérissable, cette collection de mémoires qui doit être regardée comme le plus riche dépôt des connaissances chirurgicales. L'enseignement de la médecine était bien éloigné alors de l'étendue et de la régularité où il a été porté de nos jours. La Faculté de Paris, corps antique organisé dans le moyen âge, n'avait rien changé à un régime qui datait de cinq siècles. Aucune leçon publique au lit des malades; pour en voir quelques-uns, les étudiants accompagnaient des médecins plus anciens dans leurs visites, ils les remplaçaient ensuite pendant leurs maladies, ou lorsqu'ils étaient surchargés de pratiques; et c'était ainsi qu'ils parvenaient, mais avec lenteur, à prendre aussi leur rang.

Les habitudes et l'extérieur des praticiens n'étaient

uère moins antiques que le régime de la Faculté. Si
Molière leur avait fait quitter la robe et le bonnet pointu,
ls avaient au moins gardé la perruque à marteau; l'his-
oire nous apprend que c'est Corvisart qui fut le premier à donner le scandale de ne la point prendre.

« Une dame célèbre, dont le mari a été la cause au
moins occasionnelle des plus grandes innovations qui
aient eu lieu en France depuis l'établissement de la mo-
narchie, venait de fonder un hôpital. Corvisart souhaitait
ardemment d'en être chargé; mais il se présenta en cheveux naturels, et cette innovation-là, elle n'osa prendre
sur elle de la favoriser; dès le premier mot, elle lui dé-
clara que son hôpital n'aurait jamais un médecin sans
perruque, et que c'était à lui d'opter entre cette coif-
fure ou son exclusion. Corvisart aima mieux garder ses
cheveux (1). » C'était le commencement de la révolte qui
continua de germer et de mûrir.

A Paris, Victor de Lamothe passa plusieurs années
dans l'ardeur de l'étude. Desbois (de Rochefort) était
alors médecin en chef de la Charité, et fut le premier
à donner l'exemple de faire régulièrement dans son hôpital des leçons cliniques. Tenon venait d'abandonner la
Salpétrière pour prendre une chaire au Collége de chirurgie. Ces deux hommes si distingués devinrent les
principaux patrons de notre ancien collègue. Près du
premier, Lamothe s'habitua à lire attentivement dans le
sein de la nature et à la voir dégagée de tout système

(1) Cuvier, *Éloge de Corvisart.*

vain. Près du second, il apprit ce que la ville la pl
aimable du monde offrait pour dernier asile à cet
foule d'ouvriers attirés pour entretenir son luxe et s
plaisirs.

Il fut reçu docteur de la Faculté de Paris le 14 av
1764. Imbu des principes et des préceptes de tous c
grands maîtres, Lamothe résolut d'en faire l'applicatic
dans sa ville natale. Ramené au sein de sa famille et c
toutes ses affections, il reçut de toutes parts des mar
ques de bienveillance de ses compatriotes.

En 1764, les médecins de Bordeaux étaient constitué
en corporation sous le nom de Collége de médecine. O
n'était admis dans ce collége qu'après avoir fait ce qu'o
appelait sa *rigoureuse*, qui consistait à aller pratique
pendant deux ans dans un bourg ou une petite ville, e
ensuite on soutenait des examens et une thèse pour l'a
grégation. Il y avait, par conséquent, des épreuves
subir qui pouvaient faire juger du mérite des candidats
et faire refuser l'agrégation aux médecins qui n'avaien
pas satisfait leurs juges. La fraternité fut le sentimen
qui présida, dans l'origine, à la formation de toutes ce
corporations régulièrement constituées depuis le règne
de saint Louis : car, dans ce moyen âge qu'animait le
souffle du christianisme, mœurs, coutumes, institutions,
tout s'était coloré de la même teinte, et, parmi tant de
pratiques bizarres ou naïves, beaucoup avaient une signi-
fication profonde. Ainsi, dans le principe, l'esprit de fraternité habitait l'édifice, mais plus tard l'esprit d'oppres-
sion ne tarda pas à venir veiller aux portes; et ce qui

vait été d'abord une grande école pour la jeunesse des ravailleurs, finit par se transformer en une association alouse de son savoir, et de plus en plus exclusive, de plus en plus tyrannique; si bien qu'à la fin du siècle, le noble et fécond principe d'association disparaissait dans les corporations et les jurandes, derrière un monstrueux mélange d'abus et d'iniquités.

Le 20 juin 1767, Victor de Lamothe fut agrégé au Collége des médecins de Bordeaux, après avoir soutenu deux thèses intéressantes; et c'est après ces deux épreuves qu'il devint membre de cette compagnie, qui prévit facilement que ce jeune docteur devait un jour l'honorer autant par sa vaste érudition que par ses qualités morales.

L'Académie royale des sciences, belles-lettres et arts, instituée en 1712 par les soins du duc de La Force, se l'associa en janvier 1769. Jeune encore, Lamothe obtint rapidement une confiance que, dans ces temps, on n'accordait guère qu'aux médecins qui avaient vieilli dans leur profession, sans doute parce que l'enseignement clinique était encore très-imparfait. En juin de la même année, il fut nommé médecin de l'hôpital Saint-André, dit Vital-Carles. C'est en parcourant les documents recueillis à cette époque qu'on peut savoir avec quel zèle, quelle assiduité, Victor de Lamothe s'acquitta des devoirs que ce nouveau poste lui imposait. Il mettait un soin particulier à consoler et à soulager l'infortune. Élève de Tenon, il avait appris près de ce maître à connaître les abus des administrations hospitalières de cette époque.

Comme dans les hôpitaux de Paris, il vit l'hôpital Vital
Carles gouverné par des religieuses, des prêtres et de
commis, se divisant en factions et en cabales.

Cet hôpital contenait trois cents lits, recevant le plu
souvent deux malades chacun; et lorsqu'il y avait un
grande affluence, on plaçait partout des couchettes e
des matelas, sur lesquels les malades étaient égalemen
couchés deux par deux.

Il n'y avait que trois lits pour le traitement des galeux
huit pour les teigneux, cinq mauvais grabats pour le
teigneuses; ce nombre très-insuffisant obligeait fréquem
ment à mettre les malades trois à trois dans le mêm
lit, et il en était toujours un bon nombre qui, en atten
dant la vacance des places, continuaient de propager l
virus contagieux dont ils étaient infectés.

Les pauvres avaient une telle répugnance pour ce sé
jour, qu'un grand nombre d'entre eux, n'ayant ni famille
ni amis, ni protecteurs, périssaient dans leur domicil
infect et insalubre, faute de soins suffisants, plutôt qu
d'aller à l'hôpital où ils auraient dû trouver des soins e
une nourriture appropriée à leur état.

L'impression profonde que Lamothe éprouva en pre-
nant le service médical de cet hôpital, ne s'effaça plus
et dès lors, ne perdant pas de vue l'idée de porter l
réforme dans cet affreux séjour, il dirigea constammen
ses études vers ce but, et saisit avec avidité toutes le
occasions d'y parvenir. Depuis dix ans, il observait er
silence, et recueillait des médecins et chirurgiens de se
amis, employés dans la maison, ce qu'il n'avait pu voi

par lui-même. Il chercha à corriger ces abus, et sollicita inutilement des réformes. L'attachement à de vieilles habitudes et des intérêts subalternes arrêtèrent tous ses projets. Il fut obligé de se retirer, après dix années d'exercice et de dévouement aux pauvres. Qu'est, en effet, la force d'un chef de service d'hôpital auprès de la puissance d'une administration supérieure? Victor de Lamothe dut s'apercevoir combien il y a loin des raisonnements tranquilles de l'expérience aux décisions violentes de certaines réunions où l'autorité peut tout et les lumières presque rien ; où l'on adopte parfois dans l'enthousiasme ce que la réflexion condamne ; où, quand on prend une délibération, on ne peut prévoir à quelle issue conduiront des sophismes accumulés. Et lors même que l'infortuné Louis XVI, profondément ému des abus qui se perpétuaient par tradition dans les établissements hospitaliers, ordonna, en 1785, à l'Académie des sciences de lui faire un rapport sur les hôpitaux, l'administration de l'Hôtel-Dieu n'eut-elle pas le triste courage de refuser aux commissaires l'entrée des salles et la communication des règlements et registres!

Mais la Révolution qui grondait se chargea de ces réformes que la générosité d'un roi fut incapable d'obtenir.

Élevé, par son courage et son extrême honorabilité, aux honneurs du syndicat par le Collége des médecins, le Dr Lamothe, lors de la régénération des hôpitaux sous une nouvelle administration, fut désigné médecin de l'hôpital de l1 Maternité et appelé au service médical de l'hospice des Enfants abandonnés. Il a laissé des souvenirs durables dans cette dernière maison qu'il affectionnait beaucoup. Humain, compatissant, attentif, les enfants furent l'objet de ses plus tendres soins. Il possédait à un degré étonnant l'art de les conduire, ou, ce qui est la même chose, celui de s'attirer leur confiance; son air paternel, son abord riant les gagnaient aussitôt. C'était auprès de ces malheureux abandonnés qu'il goûtait cette jouissance que donne au médecin vertueux le bien obscur qu'il fait; jouissance plus pure encore en lui qu'en aucun autre, puisqu'il ne pouvait pas même compter sur le souvenir de ceux qu'il sauvait.

Ce fut dans l'exercice de ces fonctions qu'il eut occasion de connaître combien de dangers assiégent la frêle existence de ces tendres victimes du libertinage et du malheur. Sa sensibilité et sa conscience ne lui permirent pas de garder le silence sur les maux de ces enfants et sur l'énorme mortalité qui les moissonnait. Il exposa toutes les causes de destruction aux administrateurs des hospices; il leur indiqua les moyens d'en faire cesser plusieurs; mais l'autorité du médecin vint encore se briser contre les préjugés de l'ignorance et de la routine qui dominent si souvent les plus grandes questions hospitalières.

Pendant cet intervalle, la Révolution avait suivi sa marche inexorable; les idées étaient devenues des actes; les livres, des combats; les philosophes, des gladiateurs. Le même souffle de destruction avait détruit les académies, les écoles de médecine, les colléges, les universi-

és. Mais le moment vint où, par les immenses services
qu'elles seules avaient pu rendre, on reconnut à la fois
et l'utilité des sciences et les coups que lui avait portés
une politique trop violente; on avait détruit, on réédifia
avec grandeur et liberté. Toute la France se précipitait
aux frontières, et, après des prodiges inouïs de dévoû-
ment et de valeur, les défenseurs de la patrie ne trou-
vaient aucun secours pour leurs blessés et pour leurs
malades. On commença donc par la création des écoles
de médecine, cette longue suite de restaurations.

Témoin de nos discordes civiles, Lamothe n'y prit aucune part, si ce n'est pour approuver le bien et blâmer
le mal avec une égale indépendance; mais cette indépendance lui eût été funeste, s'il n'eût été protégé par
le respect public et par la gratitude des pauvres qu'il
avait obligés.

Nos discordes civiles éteintes ou du moins assoupies,
plusieurs membres de l'ancienne Faculté et quelques
jeunes docteurs de la nouvelle École conçurent alors le
projet de former une Société médicale. Après en avoir
obtenu l'autorisation de l'administration centrale du département par une délibération du 6 juin 1798, ils se
réunirent, pour la première fois, le 13 juin de la même
année, dans la salle du Directoire, mise provisoirement à
leur disposition, sous la présidence du doyen d'âge, le
Dr Barbeguières. Le noyau de la nouvelle Société fut
composé de six médecins, huit chirurgiens et quatre phar-
maciens. Lamothe, nommé dans la section médicale,
fut chargé, avec six autres collègues, de s'occuper d'un

plan général des divers articles qui composeraient le règlement; et le 27 juillet 1798, la Société de médecine de Bordeaux était complètement édifiée. Jamais fondateurs d'une plus utile entreprise ne l'établirent sur un plan plus large et plus philosophique, car les premiers membres choisis par l'administration centrale, comme les éléments primitifs de la société future, en appelèrent à la seule voie vraiment libérale, *l'élection par les pairs* : c'est un titre d'honneur aux yeux de ceux qui pensent avec quelque noblesse, et place sur un rang distingué le cœur et l'esprit de nos vieux collègues. Cette institution naissante ne tarda pas à prendre une grande extension, et à justifier pleinement tout ce que son but promettait d'utile et d'avantageux. Nos archives si intéressantes peuvent attester les nombreux travaux de cette époque. Une des grandes jouissances du Dr Lamothe fut de voir cette institution s'agrandir, se consolider, et occuper surtout un rang honorable parmi les Sociétés scientifiques de France.

A l'époque dont nous venons de parler, il se forma également dans Bordeaux une Société d'histoire naturelle, qui, acquérant chaque jour une plus grande consistance, conçut et exécuta le projet de faire revivre l'ancienne Académie des sciences et belles-lettres, dissoute en 1793, et qui avait ouvert ses portes à Victor de Lamothe lorsqu'il n'avait que trente-trois ans. Les souvenirs si aimables qu'il avait conservés des hommes distingués de notre cité dans la magistrature, les sciences et les arts, lui firent partager les généreux efforts de ses nouveaux collègues, et il les aida à vaincre les difficultés pour réunir tous ces anciens membres dispersés.

Après avoir concouru de tout son pouvoir à la résurrection de l'Académie des sciences et belles-lettres, Lamothe voulut en assurer les succès par ses travaux. Autrefois il avait présenté une dissertation sur les Eaux de Miers en Quercy, dans laquelle il exposa la composition, les propriétés de ces sources peu connues : ce travail fut publié en 1769. En 1773, il lut un mémoire sur une maladie ancienne et très-singulière de l'épiderme, qui fut inséré dans le *Journal de Physique*. Il communiquait chaque année ses observations météorologiques faites à Bordeaux, commencées en 1778 et continuées jusqu'en 1792, avec une patience et une exactitude admirables. Elles étaient publiées dans le *Journal de Guienne* de ces années.

C'est en fouillant les registres de notre compagnie que nous sommes forcés de rendre hommage au zèle et au dévouement illimités de Lamothe. Personne n'a plus alimenté la Société, soit par des mémoires ou des observations, soit par des rapports ou des communications de faits de pratique. La presse, instrument si favorable à la propagation des lumières et à l'avancement des sciences, n'existait pas à Bordeaux; et des manuscrits ou des nombreux rapports de ce collègue, nous n'avons pu découvrir que des analyses ou des extraits conservés dans nos procès-verbaux.

Il inaugura les premières séances de la Société de Médecine par un rapport plein de bienveillance sur les travaux de la Société médicale de Sainte-Foy, et une dissertation sur la topographie physique et médicale de Preignac; ses observations critiques intéressèrent vivement ses collègues.

En 1804, il fit part à la Société des heureux effets obtenus contre les affections rhumatismales au moyen des bains et douches par les machines fumigatoires d'Hildebrand. Il fut lui-même chargé, au nom d'une commission, de faire un rapport sur ces machines, et il conclut que, dans les cas où il est important de développer le calorique dans une partie à l'aide de vapeurs sèches ou humides, quelque sensible et délicate que soit la partie, il n'est point de moyen plus ingénieux et moins sujet à inconvénients que ceux-là qui ont l'avantage précieux de pouvoir être administrés aux malades chez eux.

Victor de Lamothe n'était pas seulement dans la Société le plus assidu de ses membres, comme il en était le plus laborieux; il s'y distinguait encore pas son indignation pour tout ce qui était bassesse ou improbité. C'est ainsi qu'à propos de l'ouvrage du Dr Chrétien (de Montpellier), sur lequel on venait de faire un rapport, il blâma sévèrement ce médecin sur sa méthode ïatraleptique dont il faisait un secret.

Un rapport inséré en 1806 dans le *Journal médical* de Paris, sur *la médecine du cœur*, par le Dr Petit, fut apprécié de la part des médecins praticiens. En 1807, ce fut une véritable dissertation concernant le scorbut qui régna à Alexandrie en 1801, à propos de l'ouvrage du Dr Balme; la même année, à l'occasion du livre du

Dr Béguerie, ayant pour titre : *Histoire de la fièvre qui a régné sur la flottille française*. Lamothe entre, à cet égard, dans des détails qui prouvent à la fois un bon écrivain et un bon penseur. Nous en dirons autant de son rapport sur la rage.

On discutait alors beaucoup pour savoir si on devait rapporter à la colique de plomb diverses maladies abdominales qui étaient observées dans plusieurs contrées d'une manière endémique ou épidémique : telles étaient les coliques végétales du Poitou, de Normandie et de Madrid. Dans un rapport sur la colique de Madrid, contre l'opinion du médecin espagnol Luzuriaga, qui pensait que c'est aux vaisseaux enduits d'un vernis métallique dont on faisait alors un grand usage dans cette ville, qu'on devait attribuer la cause de cette colique, Lamothe pensa à tort que cette maladie pouvait être attribuée au climat et au tempérament bilieux des habitants.

Aux descriptions qui nous ont été données de ces diverses coliques par les auteurs du dernier siècle et du commencement de celui-ci, on reconnait manifestement tous les symptômes de la colique saturnine, survenue probablement par la nature des vases dont on se servait et par la sophistication du cidre et du vin. La vigilance de l'autorité rendant ces fraudes beaucoup plus rares aujourd'hui, on n'entend plus parler actuellement de ces maladies si communes autrefois.

L'ouvrage du Dr Thore (de Dax) intitulé : *Promenade sur le golfe de Gascogne*, fut, de la part de Lamothe, le sujet d'un rapport fort instructif dans lequel il démontre l'intérêt de ce travail pour les marins, les habitants des côtes, les botanistes et les pêcheurs. A propos du *Traité de l'apoplexie*, de MM. Montain (de Lyon), paru en 1812, Lamothe regretta que, parmi les signes qui caractérisent cette maladie, les auteurs aient omis de faire mention du sommeil profond avec ronflement, et de ne pas avoir assez pesé sur l'utilité et même l'indispensabilité de la saignée dans la plupart des apoplexies, et surtout dans l'apoplexie sanguine.

Dans un autre travail sur les dyssenteries en général, présenté à la Société de Médecine en 1816, Lamothe s'arrêta particulièrement aux causes de la dyssenterie, qui sont, d'après lui, une irritabilité particulière du canal alimentaire comme cause essentielle, la transpiration supprimée, les fruits comme cause éloignée. C'est d'après cette étiologie qu'il établit le traitement, composé principalement des calmants et des narcotiques, et puis les évacuants, suivant les circonstances.

Il serait trop long d'analyser tous les autres rapports ou les conférences qu'il présenta à la Société, qui lui devait une partie de son illustration. On s'était fait de la bonne volonté de ce vénérable confrère une espèce de droit qui ne pouvait que le flatter. Nous ne ferons que signaler : Un rapport sur l'ouvrage de Lobstein, traduit par le Dr Liebel, en 1817, sur l'usage et les effets des vins ; il entre, à ce sujet, dans quelques développements sur les différentes espèces de vins de Bordeaux ;

En 1815, un travail très-instructif sur la santé des forçats, à l'occasion de l'ouvrage du Dr Villermé, dans

quel il démontre la fatigue et les douleurs qu'éprou-
aient les forçats lorsqu'ils se rendaient enchaînés de
ntérieur de la France dans les ports de mer. Il rappelle
 qui a trait au bagne de Brest, où les forçats étaient
 humainement entassés, et la police barbare à laquelle
s étaient soumis.

Mais les travaux sur lesquels nous devons insister, ce
ont ceux de Lamothe sur la vaccine, dont il fut dans
otre ville le plus zélé et le plus actif propagateur.

Dans le siècle dernier, le quatorzième du genre humain mourait annuellement d'une maladie affreuse, la
ariole; cette maladie diminuait d'un vingtième la popu-
ation de l'Europe; elle enlevait chaque année à la France
ent mille individus. On avait bien imaginé à Londres la
ratique de l'inoculation variolique. Ce fut en 1722 que
Mead et Maitlan choisirent douze criminels auxquels on
ccorda la grâce à condition qu'ils se soumettraient à
ette opération. En 1754, ce système, justement enseveli
ans l'oubli, ne faisait plus aucune sensation, lorsque
e La Condamine et Tissot prirent à tâche de le rétablir
n France; mais les désastres survenus après cette opéation la firent rapidement abandonner jusqu'en 1774,
que le roi Louis XV voulut se faire inoculer avec toute
a famille. L'enthousiasme s'empara véritablement des
esprits, et cette méthode, qui jusqu'alors n'avait joué
aucun rôle en France, s'y répandit partout.

Dionis rapporte que Louis XIV ayant été obligé de se
faire opérer d'une *infirmité,* il se trouva des gens assez
fous, non-seulement pour tirer vanité d'avoir la même

affection et d'être traités de la même manière que leur souverain, mais encore de solliciter les chirurgiens de les opérer sans avoir la maladie. Il en fut de même pour se faire inoculer la variole. Les serviles imitateurs de la Cour voulurent se faire inoculer par la seule raison que le roi s'était fait inoculer, et cette inoculation, pratiquée en masse produisit des effets les plus malheureux; ceux qui ne périssaient pas avaient d'effroyables accidents et les suites les plus hideuses.

Enfin parut l'une des plus belles découvertes du siècle : la vaccine. Jenner publia ses premières observations en 1758, et la France reçut en 1800 ce bienfait inestimable. Paris l'accueillit avec empressement et devint le premier théâtre de ses heureuses influences. Victor de Lamothe, pressentant les avantages de cette méthode préservatrice, l'adopta sans hésiter, et, de l'année 1800 jusqu'à sa mort, il consacra sans interruption un des jours de chaque semaine à vacciner gratuitement tous les enfants de Bordeaux qui lui étaient présentés. Par les soins réunis du Préfet et de l'Administration des hospices, il établit un dépôt de vaccin à l'hospice des Enfants abandonnés. Pendant de longues années, cette institution rendit d'importants services; c'est par elle que le virus-vaccin était entretenu, et qu'il était transmis, toujours frais, dans les communes de la Gironde et des départements voisins.

Plus de vingt rapports furent faits sur cette grande découverte et lus au sein de notre Société. Les questions agitées par Lamothe étaient alors pleines d'intérêt. Lorsque déjà une expérience assez longue lui avait fait conater les bienfaits de la vaccine, il en retraça le tableau, pprécia les exceptions, remonta à leurs causes, et conribua ainsi à concilier à cet admirable préservatif la onfiance qui lui était due.

Parmi ces notices, nous ne pouvons passer sous silence elle qu'il lut dans la séance publique du comité central e vaccine, tenue à l'hôpital des Enfants.

On y trouve des tableaux distribués en plusieurs coonnes, renfermant la population de chaque sous-préecture du département de la Gironde, le nombre des aissances, le nombre des individus vaccinés, celui des ujets ayant eu la petite vérole, et des observations pleines 'intérêt sur les individus vaccinés. Lamothe donna la elation de petites véroles qui sévirent en 1815 dans les ous-préfectures de Bazas et de Blaye, et dont plusieurs e terminèrent par la mort : aucun des individus vaccinés n'en fut atteint. Il énumère les préjugés propagés ar l'ignorance contre la vaccine, les difficultés éprouées par les médecins pour inoculer le précieux virus.

Si les pères de famille, dit-il, ne reviennent point à des entiments plus raisonnables, tous les fruits d'une opéation salutaire seront perdus pour la génération qui 'avance. Nous avons à cet égard rempli tous les devoirs ui nous sont imposés. C'est à eux maintenant à écouer la voix de la raison et de l'expérience, s'ils ne veuent point se rendre coupables envers leurs enfants et a société tout entière. »

C'est à la suite d'un autre rapport du Dr Lamothe, lu 1817, que la Société de Médecine, jalouse de stimu-

ler autant que possible le zèle de tous les médecins du
département, décida que trois médailles d'argent seraient
distribuées tous les ans, dans sa séance publique, aux
trois praticiens qui auraient opéré le plus de vaccina-
tions.

A l'époque où grondait sourdement la tempête mena-
çante de la Révolution qui devait éclater bientôt, et où la
société française était devenue plus électrique et plus
inflammable qu'elle ne l'avait jamais été, de hardis no-
vateurs apparurent, et, sans beaucoup de peine, s'em-
parèrent de toutes les imaginations. Mesmer, dont les
jongleries avaient été condamnées par toutes les académies, les physiciens et les savants, était parvenu à se
faire recommander près de la reine Marie-Antoinette, et
bientôt, avec l'aide de Deslon, premier médecin du
comte d'Artois, qui devint son disciple et son sectateur,
ses salons étaient devenus à la mode et le rendez-vous
journalier de la brillante société de Paris.

« Les élégantes que la mollesse, l'oisiveté, la satiété
des plaisirs avaient remplies de vapeurs et de maux de
nerfs, les hommes de luxe énervés de jouissances, bla-
sés de plaisirs, vieillis et affaiblis par la vie indolente de
la société de cette époque, venaient en foule réclamer
de douces émotions ou des sensations nouvelles autour
du baquet mystique. Parmi les plus ardents apôtres du
Mesmérisme, on remarqua le marquis de Puységur, sei-
gneur de Busancy, près de Soissons, et son frère, le
comte de Puységur, mestre-de-camp au régiment de
Languedoc. Ils avaient propagé la pratique de leur chef

Bordeaux et à Bayonne; mais toutes les jongleries se touchent, et, devançant leur maître, ils inventèrent le somnambulisme magnétique, phénomène bien plus curieux et qui n'avait plus besoin de baquet et de tous les appareils de Mesmer. Aperçu d'abord à Busancy, sous le fameux orme magnétique où le marquis de Puységur amassait ses paysans et paysannes, un autre marquis de Tissart avait aussi établi un arbre magnétique et un hangar pour ses paysans : car ce sont toujours des seigneurs agissant sur leurs subalternes, et jamais ceux-ci sur leurs supérieurs. Il semble que le fluide magnétique descend bien, mais ne remonte pas. » (Virey.)

Vers cette époque, existait aussi à Paris un autre personnage merveilleux qui ne se bornait point à l'art vulgaire de guérir, mais qui, évoquant les ombres des morts, faisait souper avec César ou bien coucher avec Cléopâtre (Virey). On le voit, les folies de nos jours ne sont pas modernes.

On publiait partout les cures merveilleuses des nouveaux apôtres. Dans les grandes villes, s'établirent des Sociétés d'harmonie, des espèces de loges magnétiques. Bordeaux eut sa Société d'harmonie, qui avait ses principes, une croyance ferme à la puissance magnétique, et la volonté d'exercer cette puissance. Mais les événements publics, qui avaient tourné les esprits vers de plus puissants intérêts, mirent fin, pour le moment, à ces pratiques qui accusaient dans la nation tant de crédule ignorance. En 1817, on revint aux talismans, aux amulettes, et, en attendant les tables tournantes et le spiritisme, chacun portait un billet, un mouchoir, une fleur magnétique.

Parmi les adeptes du somnambulisme magnétique, se firent remarquer le Dr Saincriq, professeur à l'École de médecine de Bordeaux, et le Dr Victor de Lamothe, dont l'esprit sage et judicieux se laissa momentanément éblouir par le merveilleux.

Le premier fit, en 1821, à la Société de médecine, sous forme de conférence, l'exposition de la nouvelle doctrine; il en décrivit l'histoire, les principes, les procédés, et assura qu'il avait dû à la puissance magnétique des succès inattendus.

Lamothe vint en aide à son collègue dans la discussion qui suivit, en signalant des guérisons de maladies nerveuses chez des jeunes filles et des jeunes femmes.

On trouvera toujours des croyants dans le monde; c'est l'éternelle proie des mystificateurs et des imposteurs de toute espèce. Médecin plein de franchise et d'une droiture de cœur remarquable, le temps et la réflexion ramenèrent ce vénérable collègue au point d'où sa trop vive imagination et peut-être aussi sa foi trop vive aux pouvoirs surnaturels avaient pu l'écarter. Passionné pour son art, désirant se tenir toujours à la hauteur des connaissances de son temps, Lamothe accueillait avec chaleur toutes les découvertes tendant au perfectionnement de la science. Et c'est ainsi qu'il fut entraîné dans le sentier de l'erreur par l'appât de la nouveauté. Après avoir médité sur la doctrine Mesmérienne, il revint sur ses pas pour professer des idées plus saines, et reconnut les honteuses supercheries et les obscures manœuvres

iabiles imposteurs. Son expérience consommée, qui
vait doué d'un tact médical parfait, lui fit bien vite
mprendre qu'il n'y a de surnaturel que par ignorance
ce qui est naturel. Médecin philosophe, connaissant
ites les pratiques qu'on peut exercer sur les imagina-
ns faibles, sur les individus débiles, n'ignorant rien
ce que renferment sur ce sujet les annales de l'extra-
gance humaine, Lamothe reconnut que les résultats
'on pouvait obtenir dans certaines affections nerveuses,
n d'être la conséquence de communications nerveuses,
iient dus à des voies très-connues de prestiges et d'il-
sions de tout temps exercés sur les intelligences.
Célibataire, Victor de Lamothe n'était pas détourné par
s soins domestiques des bienséances qui deviennent des
voirs dans la société. Ses talents le firent rechercher
s hommes instruits, son commerce agréable lui valut la
nfiance des maisons les plus recommandables de la cité.
Après avoir rempli les devoirs de son état, Lamothe
ssait son temps dans les maisons distinguées où il
ait reçu sous les auspices de l'amitié la plus flatteuse
la plus honorable. Ses inclinations bienfaisantes, héri-
ge d'une famille patriarcale, n'étaient connues que
s pauvres, et ses soins attentifs lui attirèrent leur bien-
illance et leur éloge. Certaines personnes, que notre
llègue avait connues très-riches, et qui étaient tombées
ns la misère par suite de revers de fortune, n'en reçu-
it pas moins de lui les soins gratuits de sa profession,
des secours pécuniaires dont sa modeste générosité
ir laissa ignorer la source. Cette charité inépuisable,

qui le faisait venir au secours de tous les malheureux, quels qu'ils fussent, il ne la pratiquait pas seulement dans Bordeaux; et chaque année, lorsqu'il allait
passer ses vacances à la campagne, il était assailli d'une
multitude de malheureux payans, qui venaient d'autant
plus ardemment consulter le *grand médecin,* que s'il
ne les guérissait pas toujours, au moins il ne les rui-
nait jamais (1).

Si nous insistons sur cette qualité généreuse qui le
distinguait éminemment, c'est qu'elle nous paraît la plus
digne d'être proposée aux hommes; car, dans ce peu de
jours qui leur sont départis et que traversent tant de maux,
les hommes ont autant besoin de vertus que de lumières.

La bienfaisance de Lamothe ne s'exerçait pas seulement en faveur des particuliers; elle le portait à favoriser de tous ses moyens les institutions utiles aux
malheureux. Il concourut à l'établissement des soupes
économiques dites à la Rumfort, qui, pendant plusieurs
années, furent l'une des principales ressources des pauvres de notre cité. Il participa à la fondation de la Société de charité maternelle de Bordeaux, et présida
pendant plusieurs années son conseil d'administration.
Lorsqu'en 1811, cette dignité fut exclusivement dévolue
aux dames, il continua de remplir les fonctions de con-
seiller-inspecteur, et ne cessa jusqu'à ses derniers jours
de s'acquitter avec le plus grand zèle de cette mission
délicate, qui exige autant de prudence que de charité.

(1) Jules Delpit, *op. cit.*

)our faire la plus juste application des moyens de secours

Le 9 avril 1820, Victor de Lamothe avait fermé les
yeux de son ami Caillau, cet autre fondateur de notre
Société, dont nous fîmes l'éloge dans la dernière séance
)ublique. Il fut son *vertueux médecin :* c'est ainsi que
Caillau désignait celui dont nous venons de vous esquis-
ser l'existence.

Ce vénérable collègue, affaibli par l'âge et doué d'une
frêle constitution, était néanmoins bien portant; il devait
sa bonne santé à l'absence de tout chagrin, à la régularité de sa conduite, à ses bonnes mœurs, et à son esprit d'ordre. Aussi, il n'a suspendu ses travaux habituels
dans la Société de Médecine que quelques mois avant
sa mort. A quatre-vingt-six ans, il remplissait encore les
séances de rapports étendus sur les moindres ouvrages
qui paraissaient en médecine.

Victor de Lamothe était le doyen du corps médical de
son temps. Il était devenu le régulateur des médecins
ses contemporains, et il donnait d'utiles leçons aux jeunes
confrères empressés de recueillir ses sages préceptes. Il
les traitait en père et non en vieux savant. Son cœur bon
fut sensible à l'amitié; il en éprouva les douceurs dans
des liaisons constantes avec des personnes les plus res-
pectables dont l'estime et l'attachement l'accompagnèrent
au tombeau. Enfin, arrivé au terme d'une longue existence, ce vénérable collègue avait su se faire chérir de
ses émules et respecter de la génération qu'il avait ins-
truite, offrant à la postérité le modèle accompli de ce
que les savants devraient être, et le modèle touchant du

bonheur dont ils devraient jouir. Ce n'est pas un héritage si commun qu'il ne puisse donner quelque fierté à la Compagnie qui eut l'honneur de posséder Victor de Lamothe.

Un catarrhe pulmonaire, qui le fatigua beaucoup pendant l'hiver de 1823, devint encore plus grave au commencement du printemps; les soins empressés et touchants de ses confrères, de ses amis et d'un neveu, Delphin de Lamothe, héritier de ses vertus et de ses talents, ne purent prolonger sa vie; il s'éteignit le 28 avril, à l'âge de quatre-vingt-sept ans.

Les sentiments religieux qui lui avaient été inspirés dès son enfance n'avaient souffert aucune altération; il pratiquait les obligations imposées par la religion catholique dans laquelle il était né, mais son esprit tolérant ne condamna jamais aucune des opinions religieuses contraires aux siennes. De pareils faits ne répondent-ils pas suffisamment aux accusations ridicules de quelques insensés qui proclament que les médecins sont athées, parce qu'ils associent l'intégrité de l'intelligence à celle du cerveau, parce qu'ils expliquent la vie par les organes? Habitué à étudier la nature de l'homme, le médecin est souvent sceptique; mais son scepticisme est le doute philosophique, un des caractères de la sagesse, et non point cet état inerte et vacillant des esprits débiles. Il n'admet pas que la nature puisse interrompre ses lois, ou que leur cours puisse se déranger au gré d'un homme, aussi puissant qu'il soit. Il s'assure avant de croire. Il voit chaque jour l'organisation influer sur le moral, et le moral, à son tour, exercer son influence sur le corps; et si la puissance morale est capable d'enchaîner, d'amortir la sensibilité physique, l'état corporel est également susceptible de pervertir et d'affecter l'esprit; et là où d'autres voient des prodiges ou des miracles, la science ne lui fait apercevoir souvent que les jeux merveilleux du système nerveux, ses sympathies et sa mobile sensibilité, et parfois que des erreurs ou des écarts de jugement.

Et quand nous parlons de science, nous voulons dire *la science libre*, et, comme l'écrivait il y a quelques jours (1) un vétéran de la presse médicale, « la science dégagée de toute attache aux croyances religieuses, qu'il faut laisser dans le domaine de la conscience et de la foi. C'est parce que nous croyons à la perfectibilité humaine, que nous croyons à l'abîme qui sépare l'homme de la brute; et comme cette perfectibilité nous la croyons continue, incessante, infinie, insatiable; comme c'est son sentiment inné qui nous pousse et nous excite vers des progrès nouveaux, le progrès, loin de le craindre, nous l'accueillons avec joie, et, plein de foi et d'espérance, nous nous écrions : Le progrès, c'est la destinée humaine, c'est l'esprit, c'est la lumière, c'est Dieu! »

---

(1) *L'union médicale,* 7 janvier 1869, Amédée Latour.